DU SENTIMENT DE L'ADMIRATION

DISCOURS

PRONONCÉ

A LA DISTRIBUTION DES PRIX

DU

LYCÉE IMPÉRIAL D'AVIGNON

PAR

EMMANUEL DES ESSARTS

PROFESSEUR DE RHÉTORIQUE , ANCIEN ÉLÈVE DE L'ÉCOLE NORMALE

AVIGNON

AUBANEL FRÈRES , IMPRIMEURS DU LYCÉE IMPÉRIAL

PLACE SAINT-PIERRE , 9

1865

DU SENTIMENT DE L'ADMIRATION

Messieurs ,

Chers Elèves .

Dans une fête où tout est sincère , ne doit-on pas considérer le discours que j'ai mission de prononcer à cette place comme un dernier hommage rendu à la vérité? Reine depuis qu'elle n'est plus déesse, la vérité domine ici sans partage et, sans interrègne , et , pour quelques heures qui vous séparent de l'indépendance , elle ne veut pas abdiquer ses droits. Je viens donc en son nom mêler à l'ivresse de votre victoire quelques réflexions salutaires et comme un suprême enseignement.

Parmi les qualités que je me plais à vous reconnaitre , je vous ai trouvé un défaut , un , ce n'est pas beaucoup avancer ; mais ce défaut est assez fâcheux pour que je prenne à cœur de vous le signaler avec force, dussé-je vous laisser de moi le souvenir d'un morose donneur de conseils, Caton malencontreux, Orbilius de la dernière heure !

Ce que je regrette en présence de votre génération, ce que je vous reprocherais même si vous étiez seuls responsables de cet inquiétant abandon des intelligences, c'est l'affaiblissement chez la plupart d'entre vous, chez quelques uns même l'absence d'un sentiment qui propage la flamme et la vie et dans toute l'étendue de son empire agrandit la nature humaine. Je veux parler du sentiment de l'admiration. Ce n'est pas que vous refusiez une adhésion respectueuse à ces chefs-d'œuvre des âges favorisés où nous cherchons avec vous les modèles de la raison élégante et les secrets de l'éternelle beauté. Dieu merci, vous n'êtes pas encore rebelles à Homère. Mais que donnez-vous aux héros des sereines épopées et des majestueuses tragédies? Qu'accordez-vous à leurs créateurs immortels? une attention docile qui vous permet tout au plus de saisir quelques détails et de vous approprier de vagues réminiscences. Vous avez écouté froidement, froidement expliqué ces pages vivantes où court la chaleur d'un invisible feu, et vous croyez en avoir fait votre conquète et la possession de votre esprit. Etrange illusion, indigne de vous, digne tout au plus de ceux qui, loin de ces sanctuaires des fortes études, s'imaginent découvrir le goût dans un manuel et se figurent qu'on peut se préparer à sentir et à comprendre le génie !

Détournons nos regards d'erreurs qui nous sont étrangères. J'aime mieux revenir à vous, chers élèves, que je ne prétends pas juger avec autant de rigueur. Vous n'avez pas cette confiance hautaine « cette intrépidité de bonne opinion » qui supprime la sage lenteur de l'étude. Vous êtes pour la plupart appliqués, réfléchis, attentifs. Pourquoi ne portez-vous pas les progrès de votre esprit au point où vos devanciers à plusieurs reprises ont su s'élever et se maintenir? Par suite de cette froideur d'imagination, de cette quiétude littéraire qui vous fait assister au déroulement des merveilles de l'art comme des témoins à demi-insensibles, et non comme des adorateurs émus et transportés. Estimer, apprécier un Démosthènes ou un Cicéron ne suffit pas au large développement de l'intelligence. Pour se rendre maître de ces modèles, il faut, il faut surtout une admiration vive, ardente, sans tiédeur et sans défaillance. Or, je le proclame au nom de tous ceux qui vous connaissent, de ceux dont l'expérience m'autoriserait au besoin, vous ne savez plus, hélas! vous ne savez plus admirer !

Admirer en présence des orateurs et des poètes qui ont enveloppé Athènes de séduction et Rome de grandeur, c'est se donner tout entier à ces maîtres incomparables, leur livrer ses plus fraîches et ses plus naïves émotions et témoigner à ces pères de l'intelligence autant d'amour filial que de respectueuse fidélité. Celui qui admire trahit par le feu de ses regards, par l'intelligente curiosité de son attitude, par son silence même la noble passion qui préside à tous ses travaux pour les rehausser et les ennoblir. Celui-là, ne connaissant ni lassitude, ni dégoût, ne se croira jamais pour quelques mots plus ou moins retenus dégagé de sa dette studieuse envers les grands auteurs dont les magnificences lui sont libéralement dévoilés. Avide de généreuses sensations, il sollicitera la parole de ses professeurs; il devancera même leur interprétation. Chercheur désintéressé de la perfection littéraire, il la poursuivra dans les modèles mêmes quand il n'a plus auprès de lui la main secourable qui le guide. C'est qu'un tel élève à compris le secret des hautes études, ce secret que nous cherchons à vous faire entendre et qu'il vous est trop facile d'oublier. Il

a compris le mot profond et définitif de Bossuet : « Malheur à la connaissance stérile qui ne se tourne pas à aimer ! »

Ne croyez pas que j'aie tracé le portrait de fantaisie d'un rhétoricien
imaginaire. De pareils élèves existent, et j'en connais parmi vous. Mais je
les voudrais plus nombreux et l'on pourrait affirmer sans peine qu'ils
étaient moins disséminés autrefois. Une explication d'Horace au célèbre
Port-Royal mettait en feu toute une classe, poursuivait les écoliers jusque
dans leurs promenades, dans leurs récréations, dans leurs sorties ; et les
vacances n'étaient pour ces disciples de Lancelot et de Nicole qu'un prétexte pour reprendre avec plus de recueillement et d'intimité les auteurs
étudiés pendant dix mois. Ce n'était pas une minorité vaillante, mais le
grand nombre alors qui brûlait de ces belles ferveurs pour l'antiquité.
J'entends déjà vos réclamations « prolonger pendant les vacances les soucis
de l'année scolaire, c'était pure folie. » J'accepte ce mot comme un éloge à
l'adresse des écoliers d'autrefois, « *dulce est desipere in loco*, » a dit
Horace. « La folie est charmante à son heure. » Je dirai plus. A cer-
taines heures la folie est utile, généreuse, et sans elle on se réduit à la
plus triste des médiocrités. Soyez fous comme les condisciples de Racine.
Je vous y encourage de grand cœur. Car vraiment vous êtes trop sages.

Ce n'est pas le reproche habituel que l'on adresse aux écoliers. Mais je
n'en veux qu'à cette fausse sagesse, calculatrice et imprévoyante à la
fois qui, sous prétexte de s'en tenir au nécessaire, n'essaie pas même de
conquérir le superflù ; à cette sagesse banale qui considère le travail comme
une action régulière et mécanique et qui s'interdit comme une imprudence
tout effort intellectuel qui n'est pas rigoureusement commandé. Croyez-
le, cette raison à courte vue ne peut faire de vous la forte race d'élèves
que demande un pays tel que le nôtre. Que devriez-vous donc être pour

répondre à ses exigences légitimes comme à nos vœux les plus inquiets ? des esprits toujours en exploration, ardents aux longues lectures à travers les grands auteurs, curieux des investigations philosophiques, enflammés pour le grec , idolâtres des vers latins, en un mot ne faisant la part de l'utile que pour réserver plus sûrement et plus largement la part du Beau !

Qu'est-ce que l'utile ? le premier degré où doit viser la connaissance humaine, un échelon tout au plus au-dessus duquel il faut gravir pour vous conformer à ces lois éternelles entrevues par Platon, fixées par une théodicée plus sublime, et qui sollicitent l'essor de notre intelligence vers un idéal qui n'est pas de ce monde. Mais pour comprendre de bonne heure que cette recherche platonicienne et surtout chrétienne de l'idéal dans les chefs-d'œuvre de l'art est la fin supérieure des vraies études, il faut bien un peu de cette folie dont je parlais tout à l'heure, folie qui a son nom et l'un des plus beaux noms qui soient ici-bas, l'enthousiasme. Ne craignez point l'enthousiasme, chers élèves; des enthousiastes ont fait toutes les grandes choses de ce monde, repoussé le flot des barbaries orientales, subi le martyre pour leur foi, conquis le tombeau de leur Dieu, délivré leur patrie, notre patrie ! Voilà ce que crée l'enthousiasme. On ne vous demande pas de tels efforts. Soyez enthousiastes dans le domaine plus restreint et si large encore de l'étude, et ce ne sera plus une faible élite de disciples, mais comme au dix-septième siècle des classes entières qui renoueront la chaine interrompue des traditions universitaires. Nous serons ramenés à cette époque glorieuse où de véritables écoliers qui se nommaient Amyot, Ronsard, Montaigne et de moins illustres autour d'eux semblaient ne vivre que parmi les maîtres évoqués et ne respirer à pleine poitrine que l'air natal de l'antiquité !

Mais, il faut l'avouer, notre siècle ne vous convie pas à cette noble émulation. Nous sommes loin de l'âge fertile qui fut si justement appelé Renaissance, loin du temps où les Racine, les Lafontaine, les Boileau

devaient une partie de leur grandeur à leur admirable modestie, à leur
volontaire abaissement devant les anciens qu'ils ont égalés. On admirait
alors comme l'on croyait : car l'admiration est une des formes de la foi.
Mais de nos jours combien d'hommes, tristes fanfarons de scepticisme, se
font un jeu cruel d'ébranler toutes les convictions. « *Ubi solitudinem faciunt
sapientiam appellant.* » Le mot terrible de Tacite suffit à les définir ces
artisans de ruines qui ne s'arrêtant devant aucun objet de croyance se gar-
dent bien de ménager le culte du génie : race éternelle des iconoclastes en
qui je reconnais ces soldats d'Alarik qui, violents contemplateurs des
Phidias et des Praxitèle, trouvaient leurs plus doux plaisirs à décapiter
les marbres des dieux.

Sans doute, chers élèves, vous n'avez jamais ici à recevoir de pareilles
leçons. Mais aujourd'hui le nombre de ces maîtres de dénigrement est con-
sidérable. Combien au dehors du Lycée avez vous rencontré déjà de ces
détracteurs systématiques ; combien en rencontrerez-vous surtout quand, à
votre entrée dans le monde, vous serez traités en hommes et par suite
exposés à l'assaut de tous les sophismes ? On cherchera à vous prouver
que l'idéal n'est qu'un mot, la littérature qu'un luxe, l'art classique qu'une
convention maintenue par la docilité du public. Comment répondre à ces
captieuses hostilités de la discussion, si vous n'êtes fortement trempés par
des convictions solides et prêts à témoigner pour Racine comme un Joad,
pour Corneille comme un Polyeucte !

Tels sont les périls que vous serez obligés d'affronter demain ou dans
quelques années, c'est-à-dire encore demain. Fondez en vous-mêmes une
foi inattaquable par la pratique quotidienne de l'admiration ; alors seule-
ment vous entrerez dans le monde avec une intelligence accessible aux
conceptions les plus hautes, avec un cœur incliné vers les plus pures émo-

tions. Car le sentiment dont je plaide la cause compromise porte avec lui une double vertu. C'est peu qu'il vous fasse plus intelligents et plus capables de comprendre le beau : il vous rend meilleurs. S'il m'était donné de vous le prouver, j'estimerais ma tâche suffisamment remplie.

Vous le savez, Messieurs, vous pouvez m'en croire, chers élèves, une âme mauvaise reste toujours fermée au sentiment de l'admiration. Il n'en est pas de même des âmes généreuses et nobles. Comme le disait notre Lafontaine, le bon fut de tout temps camarade du beau. Or quiconque se voue à l'étude zélée des maîtres fait abdication d'un esprit de critique envieuse et d'un orgueil trop fréquent chez les hommes ; il se détache en quelque sorte de lui-même pour se livrer à plus grand que lui. Cette abnégation si favorable à l'intelligence, croyez-vous qu'elle soit stérile pour le cœur ? Tout modeste aveu du peu que nous sommes, toute soumission devant les supériorités éternelles, tout acte de foi sincère agrandit le cœur en même temps que l'esprit se développe. L'admiration est saine et féconde ; on a recours à elle pour aller chercher le beau ; elle vous rend le bien en échange. Quels moralistes que tous ces grands poëtes. Je ne saurais trouver de meilleurs gardiens, de plus sages mentors pour un cœur droit et pur. Placez avec moi devant ces classiques aimés le jeune homme qui sait admirer : transporté par l'essor de l'imagination dans les régions supérieures, il habite, cet adolescent épris de Sophocle et de Corneille, il habite une cité idéale qui n'est pas encore la cité de Dieu mais qui n'est déjà plus la cité des hommes. Car le devoir en est la règle souveraine et l'héroïsme en quelque sorte la loi vivante. Dans ce monde des chefs-d'œuvre, il assiste de près au témoignage sublime de Polyeucte, il tressaille d'amour filial avec Antigone ou Rodrigue, d'amour fraternel avec Electre ; il apprend la pitié par l'infortune de Philoctète ; le dévouement de l'Orestie et le cinquième acte de Cinna lui enseignent l'oubli des injures ; l'amour des faibles dans la nature lui est inspiré par Virgile et Lafontaine.

ces grands génies aimants. Enfin de tous ces héros de tragédie ou d'épopée il n'en est pas un qui à son heure ne lui communique un austère et religieux enseignement. Pensez-vous que de ces sommets de l'art, le jeune homme redescende sur la terre, oublieux de ces grandioses visions ? Non ! le souvenir de cet héroïsme moral rayonnera toujours devant ses yeux. Car il aura vu distinctement, à travers les chefs-d'œuvre admirés, le plus sublime des spectacles, la vertu couronnée par le génie !

L'âme ainsi élevée à cette hauteur ne consentira jamais à de vulgaires abaissements. Elle tend toujours à monter comme à l'aide de ces ailes que lui attachait Platon et que revendique le vieux Corneille (1). Ces ailes ne sont pas une création fabuleuse des poëtes, le rêve illusoire d'un Icare châtié dans sa témérité. Elles existent, et c'est à l'enthousiasme qu'il faut les demander. Aucun de vous n'est déshérité de ce don sublime. Cette amélioration de soi-même par la croyance aux grands esprits est possible à tous et pour tous féconde.

Ne vous découragez donc pas dans cette poursuite de l'idéal par l'étude, mais plutôt rappelez-vous une légende dont je veux vous transmettre le symbolique enseignement, avant de me séparer de vous. Ce n'est rien moins qu'un des chefs-d'œuvre de la poésie anglaise contemporaine, Excelsior de Longfellow. Un seul mot peut traduire cet intraduisible Excelsior : « plus haut ! » Le héros du poëme est un voyageur, il a, pour je ne sais quelle mystérieuse et sublime aventure, entrepris l'ascension des Alpes aux redoutables escarpements. A d'autres le courage ferait défaut ; mais une foi profonde palpite au cœur du pèlerin ; il attache sur la cime aérienne

(1) Traduction de l'Imitation de Jésus-Christ.

des regards enivrés, et cette vue lointaine le ranime. En vain l'aspect
sinistre des glaciers, la rumeur des torrents, la menace des avalanches
semblent se conjurer pour arrêter sa course. A toutes ces tentations de
l'épouvante il lance un défi retentissant : « Excelsior ! » Vainement aussi
l'hospitalité des villages, la lumière amie des foyers, les alarmes des sages
vieillards, les adieux inquiets des paysans se concertent pour refouler
son élan ; à ces invitations du repos et de la sécurité il jette sa réponse
hautaine : « Excelsior ! » Et ce cri d'une âme indomptable l'accompagne
jusqu'au terme de son pèlerinage. Pour vous aussi dès maintenant la vie
est une ascension vers le vrai, vers le beau ; adoptez donc franchement
la devise du voyageur et chaque jour dites-vous aussi : « Plus haut ! »
« Plus haut ! » dans la science, plus haut dans la vertu, plus haut
dans l'amour de la patrie, plus haut dans l'amour de Dieu ! Excelsior :

Emmanuel des ESSARTS.

Avignon, Août 1865.

Avignon. — Imp. Aubanel fr., Place St-Pierre, 9.

www.ingramcontent.com/pod-product-compliance
Lightning Source LLC
LaVergne TN
LVHW021626170726
843501LV00010B/4189